SPIRITO GUIDA

GUIDA PER PRINCIPIANTI ALLA COMUNICAZIONE CON GLI SPIRITI GUIDA E GLI ANGELI CUSTODI

TAYLOR TURNER

CONTENTS

INTRODUZIONE

Avete mai la sensazione di combattere una battaglia persa contro la vita e di essere completamente soli? Questi sentimenti possono essere distruttivi e dannosi. Ma cosa succederebbe se sapeste che l'universo e il mondo spirituale hanno una squadra di guide pronte ad aiutarvi, guidarvi e proteggervi dal momento in cui nascete? Anche se non vi sentite particolarmente spirituali o in sintonia con l'universo, loro sono lì, in attesa che voi vi mettiate in contatto con loro e riceviate i loro messaggi.

Forse siete già stati benedetti da messaggi spirituali. Spesso comunicazioni apparentemente normali vengono inviate per darvi una spinta nella giusta direzione. Avete mai sperimentato una "coincidenza" che si è presentata al momento giusto?

In questo libro parleremo di chi sono questi membri della vostra squadra spirituale, del perché sono lì e di come potete iniziare a comunicare con loro. Agli spiriti non importa quale sia il vostro credo religioso: sono semplicemente lì per voi. Una volta che saprete come interpretare i loro segni, chiedere loro aiuto e comunicare apertamente con loro, sarete in grado di usarli al massimo delle loro potenzialità per migliorare il vostro tempo qui sulla Terra.

CAPITOLO 1: COSA SONO GLI SPIRITI GUIDA?

L'esistenza degli spiriti guida non può essere scartata a priori, perché davvero tutti hanno avuto un'esperienza in cui forze esterne li hanno influenzati. La differenza è che i credenti riconosceranno che gli spiriti e l'universo stanno inviando segnali e messaggi, mentre i non credenti faranno passare le esperienze come coincidenze ed eventi naturali della vita.

Se credete negli spiriti guida, riconoscete che sono un'esperienza umana condivisa. Non appaiono solo alle persone che ci credono; sono forze che esistono solo per aiutare la crescita spirituale e condurci su un sentiero di chiarezza, gioia e pace interiore. Quindi, anche se l'idea degli spiriti guida come esseri tangibili non vi piace, dovete almeno riconoscere che esistono forme archetipiche di energia che governano il nostro modo di vivere.

Negli insegnamenti spirituali occidentali, molte forme di spiriti guida formano una squadra di mentori per proteggere gli esseri umani incarnati e fornire loro la conoscenza e il sostegno di cui hanno bisogno. Spirito guida è un termine generale che comprende molte forme di protettori, compresi gli esempi elencati di seguito. Questo elenco non è esaustivo, poiché alcune persone scoprono che i loro legami sono unici e non rientrano in gruppi regolari.

Chi fa parte del vostro team?

In primo luogo, avrete una guida principale, nota anche come angelo custode, che vi viene assegnata prima della nascita. Tratteremo gli angeli custodi in modo più dettagliato più avanti nel libro, ma per ora chiameremo questa guida principale la vostra "guida di vita" e inizieremo con loro.

- **Guida alla vita:** Questi guardiani sono con voi dal momento della nascita a quello della morte e oltre. Vi hanno scelto perché riconoscono il vostro spirito come uno che risuona con il loro. Sono gli unici spiriti che non si allontanano mai da voi.

Una volta entrati in contatto con la vostra guida di vita, avrete un'idea della sua individualità. Avrete un nome che potrete usare per evocarli e una sensazione generale del loro aspetto e del loro background come spiriti. Si metteranno in contatto con voi ogni volta che ne avrete bisogno e agiranno come accompagnatori per il resto della vostra squadra spirituale. Le guide vitali sono come i direttori d'ufficio, addestrati a ridurre il caos.

- **Guide divine del tempo:** Sono i custodi del tempo del mondo spirituale. Hanno un progetto per la vostra vita e vi daranno dei suggerimenti quando dovrete intraprendere determinati percorsi. Lavorano sempre per far sì che la vostra vita scorra senza intoppi, ma questo non significa necessariamente che otterrete tutto ciò che desiderate.

Se ricevete messaggi tramite numeri e sincronicità, questi sono gli spiriti che li hanno inviati. Assicuratevi di comprendere la rilevanza e il simbolismo che i numeri rappresentano, in modo da poter interpretare i loro messaggi.

- **Guide guerriere:** Sono esseri incredibilmente illuminati che vi proteggono da ogni forma di attacco. Possono essere attacchi spirituali, fisici o mentali, ma si concentrano soprattutto su questioni psichiche. Queste guide sono responsabili di quella preoccupante sensazione viscerale quando sentite che qualcosa non va bene.

- **Guide creative:** Questi spiriti sono responsabili delle questioni creative. Insegneranno alla vostra anima ad apprezzare le capacità e le abilità che avete e a farne buon uso. Anche l'anima meno creativa potrà beneficiare di queste guide. Vi daranno soluzioni creative alternative a tutti i vostri dilemmi.

- **Portieri:** Sono la vostra guardia del corpo secondaria che lavora a stretto contatto con i vostri guerrieri protettori. Detengono il vostro registro Akashico, una registrazione psichica di ogni pensiero ed evento accaduto nel vostro passato, presente e futuro. Ciò consente loro di proteggervi da tutte le energie negative che minacciano di invadere la vostra vita. Il vostro spirito guardiano è come un portiere di alta classe in un club esclusivo con una lista. Permetterà l'ingresso solo alle forme di energia più elevate e bloccherà tutta la negatività.

- **Esseri di luce:** Ognuno di noi ha dei momenti di disperazione. La morte di persone care o eventi traumatici capitano a tutti noi. Gli esseri di luce saranno al vostro fianco per risollevarvi il morale e aiutarvi a superare l'oscurità. Si chiamano esseri di luce perché portano letteralmente la luce nella vostra vita.

- **Metà uomo e metà bestia:** Detti anche trans-specie, questi spiriti hanno abbracciato qualità umane e animali. Molte divinità hanno questa forma, tra cui Anubi, il dio con la testa di sciacallo dell'antico Egitto. Altre forme di trans-specie sono le sirene, le arpie e i centauri. Gli spiriti assumono questa forma per apparire magici e meno minacciosi per le persone che esitano nei confronti del mondo degli spiriti.

- **Guide degli antenati:** Quando i membri della vostra famiglia vengono a mancare, hanno l'opportunità di fungere da guida per voi. Anche loro avranno le loro guide ancestrali che si uniranno alla vostra squadra spirituale anche se vi separano generazioni. Se vi connettete con uno spirito che vi sembra familiare, potrebbe trattarsi di un legame ancestrale. Se sentite una connessione con questo tipo di spirito, provate a fare una ricerca sul vostro albero genealogico per scoprire chi potrebbe essere e quali qualità porta in tavola.

- **Maestri ascesi:** Sono esseri superiori che hanno vissuto vite fruttuose e hanno raggiunto piani spirituali più elevati. Hanno vissuto il proprio risveglio spirituale e hanno trasceso il ciclo della reincarnazione e della crescita spirituale. Ora hanno un ruolo diverso da svolgere. I maestri ascesi si impegneranno ad aiutare tutta l'umanità ogni volta che si troverà ad affrontare blocchi karmici o avrà bisogno della saggezza e dei consigli di questi maestri supremi.

I più popolari Maestri Ascesi che potete invocare

1. **Amitabha:** il simbolo buddista per eccellenza dell'amore. Vive in paradiso, ma non è mai troppo occupato per portare la sua essenza amorevole nel vostro mondo spirituale.

2. **Gesù Cristo:** Figlio di Dio, Gesù è l'incarnazione della saggezza e dell'amore incondizionato. La sua permanenza sulla Terra lo ha portato a una comprensione più profonda della psiche umana e del modo in cui uomini e donne lavorano. Invocate in lui energie di devozione e di perdono quando ne avete bisogno.

3. **Krishna:** Questa divinità indù è il dio della compassione e della tenerezza. Verrà in vostro aiuto quando il vostro spirito è malconcio e spezzato per fornirvi un balsamo psichico. Il suo nome è associato al colore blu e la comparsa di questa tonalità segnala quando Krishna vi fa visita o vi invia un messaggio.

4. **Kuthumi:** Come uno dei maestri dell'antica saggezza, supervisiona lo sviluppo dell'umanità. Chiedetegli di consigliarvi su come raggiungere obiettivi spirituali più elevati.

5. **San Francesco d'Assisi:** Se avete una particolare affinità con gli animali, troverete una connessione con questo maestro asceso. È una forte rapp-

resentazione spirituale del mondo naturale e dell'aiuto all'ambiente.

6. **Guide di guarigione:** Questi spiriti vengono in vostro aiuto quando avete bisogno di guarire. Questo vale sia per i traumi fisici che per quelli spirituali. Sono stati guaritori di successo durante la loro permanenza sulla Terra e nelle loro diverse incarnazioni. Consideratela come una vocazione a una particolare carriera: una volta guaritore, sempre guaritore. In passato, possono essere stati guaritori sciamanici, maestri di reiki o professionisti della guarigione tradizionale.

7. **Draghi:** si fa appello a questa forza suprema della natura quando si ha bisogno di una forza primordiale. Il drago è il padrone della Terra, dell'aria e del fuoco e mette in gioco tutti questi elementi. Verrà in vostro aiuto quando avrete bisogno di cambiare. Ciò potrebbe significare che avete bisogno del suo aiuto per sbarazzarvi di elementi della vostra vita, oppure potrebbe trattarsi di un semplice cambiamento di carriera.

8. **Dei e dee:** Le divinità non sono mai troppo occupate o distaccate per aiutare gli esseri umani. Scegliete la divinità con i punti di forza di cui avete bisogno e chiedete che il suo spirito entri nella vostra vita.

Alcuni dei più potenti spiriti guida che sono divinità

1) Thor: il dio del tuono per eccellenza, Thor è uno spirito giusto che cavalca le tempeste su un carro trainato da capre. Se volete provare il suo potere, mettetevi sotto una quercia durante un temporale estivo e guardate il cielo. Vedrete Thor e il suo potente martello che incutono timore nei cuori dei suoi nemici. Chiedete la sua forza e il suo potere nei momenti difficili.

2) Sol: La dea nordica del sole è uno spirito che porta luce alla vostra vita. La sua leggenda narra che cavalca il carro dorato attraverso il cielo inseguita dai lupi. La sua forza e la sua luce riparano anche l'anima più ferita.

3) Brigid: questa dea celtica ha tre rappresentazioni che fanno appello alle energie femminili. È una madre, una fanciulla e una cuna, quindi le donne di tutte le età la troveranno disponibile per loro. Ha una natura ardente e vi fornirà ispirazione e speranza.

4) Ostara: Dea della primavera e dei nuovi inizi. Quando siete pronti a iniziare la vostra prossima fase di sviluppo spirituale, lei vi guiderà e vi proteggerà. È anche la dea della fertilità, quindi chiedetele aiuto quando avete bisogno di abbondanza nella vostra vita.

5) Bran il benedetto: Il paganesimo inglese e gallese racconta la storia di Bran e della sua potente forza. Bran incarna lo spirito della forza e della mancanza di paura. Fu anche uno scriba storico che registrò gli eventi del suo tempo. È rappresentato dal corvo e apparirà in questa forma se avrete bisogno del suo aiuto per portare avanti le discussioni con la diplomazia.

6) Ermete Trismegisto: Questo spirito è uno dei più potenti a disposizione per portare la conoscenza nel vostro mondo. Nacque in Grecia e i suoi seguaci credettero nelle sue dottrine e lo fecero diventare un Dio. Si recò poi in Egitto per insegnare i suoi principi e anche lì lo fecero diventare un Dio. Al suo ritorno in Grecia, fu dichiarato tre volte Dio. Invocatelo per scoprire i modi di interconnettervi con i vostri simili su tutti i piani. Egli vi guiderà verso una vita più piena e verso connessioni più forti con i vostri simili.

7) Freya: conosciuta anche come Frigg o Freyja, questa dea nordica porterà amore, bellezza e fertilità nella vostra vita. È la custode delle anime dei guerrieri che entrano nel Valhalla per l'ultima volta. Si dice che una volta che Freya reclama l'anima di un guerriero, il suo tempo sulla Terra è finito. È destinato a risiedere nelle sale degli dei e a godere del paradiso eterno. Freya verrà in vostro aiuto se siete pronti ad abbracciare una vita diversa e a provare pace.

8) Tyr: Il dio della guerra è pronto ad aiutare quando tutto il resto fallisce. Se avete cercato di risolvere le dispute con la diplomazia e il tatto e non ha funzionato, invocate la forza di Tyr. È uno spirito che vi aiuterà a difendere ciò che è giusto e a sconfiggere coloro che cercano di fermarvi. Ha sacrificato il suo braccio destro al lupo Fenrir in segno di buona fede per fermare la tirannia nella sua vita fisica. Pensate a Tyr come al vostro giurista spirituale divino. Combatterà per la giustizia e sarà il vostro difensore e guerriero.

9) Atena: la dea greca della saggezza è disponibile quando avete bisogno di protezione e consigli. È l'incarnazione dell'urbanizzazione e della civiltà, quindi porterà ordine quando sarà necessario.

10) L'Uomo Verde: Figura leggendaria delle religioni celtiche, è solitamente raffigurato in statue come simbolo di rinascita e primavera. I suoi fedeli credono che sia l'immagine che rappresenta la natura e che possa aiutare a riconnettersi alle proprie radici.

CAPITOLO 2: COME ENTRARE IN CONTATTO CON IL MONDO DEGLI SPIRITI

Credete che tutti noi siamo sensitivi e capaci di connessioni di livello superiore? Se non ci credete, questo può essere un ostacolo per raggiungere le vostre guide psichiche. Considerate il seguente fatto: tutti noi siamo in grado di suonare la chitarra se ci viene insegnato, ma pochi di noi saranno mai bravi come Jimmy Hendrix! È un dato di fatto. Ma tutti possiamo imparare ed esercitarci per migliorare. Lo stesso vale per le capacità psichiche. La sfida più grande che dovete affrontare è superare la convinzione di non essere sensitivi.

Ora che il primo passo è stato superato, è il momento di iniziare a crescere spiritualmente e di esplorare i doni che le vostre guide stanno aspettando di inviarvi.

Passo 1: stabilire le proprie intenzioni

Questo passo si ripeterà più volte nel corso del vostro viaggio, perché è il fulcro delle interazioni di successo tra voi e le vostre guide. Non possono aiutarvi se non sanno cosa volete. Sebbene i vostri spiriti guardiani abbiano accesso ai vostri pensieri, sono anche rispettosi della vostra privacy. Dovete chiedere prima di ottenere.

Il vostro piano divino può essere semplice o complicato quanto volete. Scrivete un elenco di ciò che vi aspettate dalle vostre guide. Avete bisogno di protezione o di una guida che vi aiuti ad affrontare le forze negative? Vi manca la fiducia per perseguire nuovi progetti o cambiare carriera? Indicate i vostri sogni, i vostri desideri e i vostri pensieri più selvaggi accanto alle vostre esigenze e speranze più pratiche. Gli spiriti non giudicano e hanno già visto tutto; riconosceranno la vostra volontà di connettervi non appena inizierete a chiedere loro aiuto.

Passo 2: Lasciare andare la mente pratica

Sapevate che il lato sinistro del cervello è dedicato alle attività pratiche, logiche e analitiche? Quando volete diventare più aperti di mente, vi sarà utile dire addio al lato sinistro del cervello. Non dimenticate di dirgli che non lo state abbandonando e che vi riunirete presto. Questo tipo di conversazione è uno dei primi passi per cambiare il modo di pensare. Chi ha una mentalità meno aperta non si sognerebbe mai di avere una conversazione con il proprio cervello!

Passo 3: meditare

Rallentare le vibrazioni e aprire i canali fisici può essere ottenuto con semplici tecniche di meditazione. Quando gli spiriti si mettono in contatto, dovete essere nel posto migliore per ascoltare. Le prime comunicazioni possono essere deboli e difficili da capire, quindi è necessario concentrarsi.

Ecco alcuni semplici modi per calmare la mente, nutrire la pace interiore e aumentare i livelli di energia:

Meditazione sull'attenzione focalizzata

Scegliete un oggetto fisso e concentrate tutti i vostri sensi su di esso. Che aspetto ha, fa rumore e ha un odore associato? Sentite l'oggetto mentre chiudete gli occhi, in modo da percepirne i contorni e le linee. Bloccate tutte le altre interruzioni sensuali e diventate un tutt'uno con l'oggetto scelto. Mantenete questa sensazione per due minuti e la vostra mente diventerà una tela bianca a disposizione degli spiriti.

Meditazione di respirazione consapevole

Si tratta di una tecnica che richiede un tempo e un luogo specifici per avere successo. Scegliete un luogo tranquillo senza distrazioni e mettetevi comodi. Sedetevi in posizione eretta con la colonna vertebrale allineata senza essere rigida. Fate un respiro profondo attraverso il naso e trattenetelo mentre rilassate le spalle e le braccia.

Ora prendete coscienza del momento. Siete in un luogo tranquillo, con una postura rilassata, e il momento vi appartiene. Nessun altro è importante e nessun altro vi interromperà. La vostra mente è chiara e i vostri sensi sono in sintonia con l'ambiente circostante.

Ora espirate attraverso la bocca. Quando il respiro si libera, immaginate che porti con sé tutta la negatività. Ogni senso di colpa o rimpianto che avete provato, lasciatelo andare. Il risentimento e la rabbia si allontaneranno da voi con un soffio di respiro.

Ora ripetete il procedimento e, quando inspirate, immaginate che il vostro corpo si riempia di amore e accettazione. Siete nel luogo ideale per ricevere i messaggi che gli spiriti vi invieranno su come realizzare le vostre intenzioni e migliorare la vostra vita.

Meditazione sulla gentilezza e l'amore

Questa tecnica è nota anche come Metta ed è stata insegnata dal Buddha oltre 2600 anni fa. I mantra sono usati per portare amore e felicità a se stessi e agli altri. Questo tipo di meditazione è perfetto per i principianti che vogliono prepararsi a un'esperienza più spirituale.

Scegliete uno spazio tranquillo, calmo e confortevole. Sedetevi con la colonna vertebrale allineata e le braccia a riposo. Fate un respiro profondo e immaginate la persona a cui state inviando amore.

Destinatari suggeriti per i mantra Metta

- Se stessi

- Chiunque vi abbia mostrato gentilezza o amore

- I vostri amici

- Membri della famiglia

- Persone a caso che conoscete e per le quali non provate alcuna emozione personale.

- Qualcuno con cui avete litigato o che vi sta attivamente antipatico

- Tutti gli esseri viventi

Mantra suggeriti

- Che siano pieni di amore e di energia

- Che possano sempre essere in salute e imparare a guarire

- Portate loro pace e serenità

- Che siano liberi dal dolore emotivo e fisico

- Che siano liberi dalla sofferenza e dal dolore.

Mentre immaginate il destinatario del vostro amore, cantate i mantra e immaginate che il vostro cuore si apra. Immaginate che l'amore e la positività fluiscano dal vostro petto verso la persona su cui vi state concentrando. Immaginate che la positività cresca fino a trascendere ogni essere e a diventare una palla di luce che alla fine avvolgerà il mondo intero.

Passo 4: creare una sala multimediale spirituale

Ora che la vostra mente è pronta a comunicare, dovete creare un supporto per i messaggi delle vostre guide. Questo è il vostro ricettacolo di visione e la creazione di un cinema nella vostra mente è il modo ottimale per incoraggiare tutti i tipi di messaggi. Immaginate un enorme schermo cinematografico nella vostra mente e immaginate un cavo che lo colleghi al centro dell'universo. Questo è il vostro cavo di radicamento e vi dà una sensazione di connessione con la Terra.

Ora fornite al vostro schermo degli altoparlanti cablati per il suono. Collegateli e alzate il volume per ascoltare i messaggi audio delle guide. Una volta seduti davanti allo schermo, fate le vostre domande e aspettate le risposte. Non esigete mai, chiedete e basta.

Lasciate che le vostre risposte vengano naturali e poi interpretatele. Lo schermo è pieno di luce? Si sente qualcosa? Ricordate che i simboli e i messaggi che riceverete provengono da un luogo di verità. Gli spiriti non cercheranno mai di fuorviarvi perché hanno solo le migliori intenzioni per voi.

Passo 5: scrittura libera

Questa tecnica è spesso usata dagli scrittori che hanno il blocco della scrittura, ma è ottima anche per eliminare i blocchi spirituali. Prendete carta e penna e iniziate a scrivere frasi specifiche per ringraziare le vostre guide per il loro aiuto.

"Grazie, mio gruppo spirituale, per tutto ciò che fate per me e per la guida che mi mostrate nella vita. Riconosco la vostra compassione e il vostro amore spirituale e vi invito a unirvi a me in questo diario. Vi do il benvenuto a scrivere con me e a condividere le vostre energie guidando la mia mano e creando corrispondenza".

Basta usare la penna e creare tutto ciò che il vostro spirito o la vostra energia vi dicono. Esplorate soggetti ed esperienze con parole, immagini o simboli casuali. Non modificate il vostro lavoro, continuate a farlo. Assicuratevi di avere molta carta, perché dovete sfruttare al meglio le vostre connessioni spirituali. Divertitevi e lasciate libero il vostro bambino interiore. Assicuratevi di seguire la corrente e di non avere mai ripensamenti.

Connettersi con gli spiriti attraverso i sogni

Sebbene questi siano alcuni dei modi più popolari per entrare in contatto con le vostre guide, la tecnica di gran lunga più efficace è quella dei sogni. Considerate i fatti. È estremamente raro che la vostra mente si dedichi completamente a una sola attività durante il giorno. Questioni familiari, problemi di lavoro e legami affettivi si contenderanno la vostra attenzione, per cui liberare la mente può essere difficile.

Tuttavia, quando si dorme, la mente diventa più rilassata e ricettiva. Quando entrate nel mondo del sonno, gli spiriti riconoscono che siete più ricettivi ai loro messaggi. Vi invieranno indicazioni vivide all'interno del sogno e segnali che vi parleranno. Immagini e sensazioni diverse avranno significati diversi per gli individui, ma alcune immagini ricorrenti hanno interpretazioni spirituali comuni.

I significati di base elencati di seguito vi aiuteranno a comprendere ciò che gli spiriti vi stanno dicendo, per poi applicarli alle vostre particolari circostanze e necessità:

- **Volare:** È di gran lunga il tipo di sogno più comune. Quando si sogna di librarsi nei cieli senza essere a bordo di un aereo, indica positività. Le guide si congratulano con voi per la vostra creatività e maturità spirituale. Sogni come questo sono una pacca sulla spalla spirituale e indicano che siete sulla strada giusta.

- **Spiagge:** Vi capita mai di sognare di essere su una spiaggia sabbiosa con le onde che vi lambiscono le dita dei piedi? Questo è un segno positivo di connessione con il vostro gruppo spirituale, poiché rappresenta il luogo tra il cielo e la terra. Le spiagge che sembrano troppo idilliache per essere reali sono un segno che vi ascoltano e vi inviano altri segni per aiutarvi a navigare nella vostra vita.

- **Scuola o esami:** Quando sognate di sostenere un esame o di frequentare un corso, gli spiriti vi dicono che è il momento di ampliare le vostre conoscenze. Ciò significa che dovreste seguire dei corsi che vi aiutino a progredire nel lavoro e nella vita personale. Questo tipo di sogno significa che siete pronti a passare a un livello superiore di maturità spirituale. Prendete nota del grado in cui vi trovate durante il sogno, perché questo vi darà un'indicazione della vostra posizione attuale.

- **Denti che cadono o si staccano:** Nella vita naturale, i denti masticano il cibo e ne facilitano la digestione. In termini spirituali, i problemi con i denti indicano problemi di digestione delle informazioni. Gli spiriti vi stanno dicendo di cercare una direzione o un consiglio nel vostro mondo fisico.

- **Essere incinta o partorire:** Sia gli uomini che le donne possono fare questi sogni. Sono il simbolo della rinascita e del superamento del passato. Può trattarsi di un nuovo lavoro, di una relazione nascente o di un segno di inventiva. Il parto è uno dei messaggi più simbolici che si possano ricevere.

- **Viaggi in auto:** La prima cosa da notare è dove siete seduti durante il viaggio. Siete il conducente o il passeggero? La guida è un simbolo di leadership e autorità e indica che siete saldamente al comando. La destinazione è chiaramente definita e il viaggio è ben avviato. Il passeggero è più indicativo del fatto che siete felici di essere guidati da altri. Se non vi sentite a vostro agio sul sedile del passeggero, significa che dovete diventare più assertivi e prendere il comando.

- **Caduta:** Quando si sogna di cadere senza sostegno, è un segnale di presa di coscienza. State perdendo il controllo e avete bisogno di un po' di pace nella vostra vita. Questo tipo di sogno spesso si ripete notte dopo notte finché non si ritrova la pace di cui si ha bisogno.

- **Paralisi:** Quando sognate di essere bloccati in un luogo e di non riuscire ad andare avanti, è segno che forze oscure vi stanno influenzando. Se non riuscite a gridare o a parlare e il mondo vi passa accanto, è segno che siete bloccati in un vicolo cieco. Dovete andare avanti e realizzare i vostri sogni più arditi. La resistenza non è sempre una cosa negativa; è solo un altro ostacolo che vi spinge a lavorare di più.

- **Meteo:** Le diverse condizioni meteorologiche sono un chiaro segno degli spiriti. Sognare pioggia e temporali significa che state per ricevere una valanga di messaggi dalle vostre guide. Esse ritengono che siate pronti e aperti alle loro comunicazioni. Il bel tempo, come il sole, il cielo luminoso e le brezze leggere, significa che sono già con voi.

- **Essere nudi in pubblico:** Sognare la propria nudità in pubblico è relativamente comune. Quando questi sogni si verificano, gli spiriti vi stanno dicendo che le vostre mancanze stanno minacciando di prendere il sopravvento sulla vostra vita. Non siete reali nelle vostre relazioni ed è ora di esaminare il vostro io autentico e di liberare un lato più genuino della vostra personalità.

- **Essere inseguiti:** Quando si è inseguiti, è importante notare chi sta facendo l'inseguimento. Se la figura non è identificata, segnala la presenza di un trauma passato e di un'esperienza infantile. Gli spiriti vi stanno dicendo di chiedere aiuto per superare queste influenze e andare avanti. Se la figura che vi insegue è del sesso opposto, significa che siete trattenuti da una relazione precedente o dalla vostra riluttanza a far entrare gli altri nella vostra vita. Essere inseguiti da un animale indica che siete troppo diffidenti nei confronti delle vostre emozioni. È tempo di abbracciare le vostre passioni e le vostre paure.

- **Sogni sulla morte:** Questo tipo di sogni può essere incredibilmente sconcertante perché raramente pensiamo alla nostra mortalità e alla morte. Se sognate la morte di una persona cara che è passata, si tratta di una comunicazione diretta del suo spirito per dirvi che è felice e in pace nel mondo degli spiriti. Se la morte è meno specifica, significa che avete paura del cambiamento.

Alcuni studi hanno dimostrato che i sogni vividi, con dettagli e significati significativi, si verificano quando le persone stanno raggiungendo la fine della loro vita. Gli spiriti usano i sogni per confortarli e prepararli al loro viaggio. I sogni possono essere un segno di cambiamento e dovrebbero essere studiati il più dettagliatamente possibile.

Un diario dei sogni vi aiuterà ad analizzare questi segni e messaggi dal mondo degli spiriti. Quando vi svegliate, annotate i dettagli dei vostri sogni con la massima precisione possibile.

- Chi c'era nei vostri sogni e cosa faceva?

- In che periodo dell'anno si trovava e com'era il tempo?

- Come si è sentito il suo sogno?

- Quanti anni aveva nel sogno?

- C'era un suono che accompagnava l'esperienza visiva?

- Ha avuto la sensazione che stesse accadendo davvero o ha capito che si trattava di un sogno?

Quanti più dettagli si hanno, tanto più rilevanti saranno i messaggi. Non dimenticate che migliorerete con la pratica e che i vostri sogni diventeranno più chiari man mano che migliorerete nella loro interpretazione. Potreste consultare un esperto di sogni e imparare i significati che assegnano ai vostri messaggi notturni per avere un più ampio spettro di conoscenze.

CAPITOLO 3: COME RIMANERE AL SICURO DURANTE LE COMUNICAZIONI SPIRITUALI

I media popolari e altre forme di intrattenimento si sono occupati del paranormale e del raggiungimento dell'aldilà per decenni. Tuttavia, il concetto di comunicazione con il piano astrale risale a tempi più remoti rispetto all'invenzione di film e televisione. Le persone hanno cercato di contattare "l'altro lato" per secoli e, di conseguenza, hanno sviluppato alcuni modi efficaci per proteggersi dalle energie negative.

Quando si pensa di proteggersi prima di rivolgersi a qualcuno, è importante capire da cosa ci si sta proteggendo. Ci sono spiriti maligni là fuori? Certo che ci sono. Dopo tutto, il mondo degli spiriti non giudica chi entra nei suoi regni. Anche gli spiriti con un'energia inferiore e un risveglio spirituale meno sviluppato hanno un ruolo. Sono necessari per diventare guide di coloro che ne hanno bisogno, perché stanno seguendo lo stesso percorso che gli spiriti hanno fatto in vita.

Le persone che non sono pronte ad abbandonare i loro stili di vita più salubri hanno comunque bisogno di una guida spirituale e gli spiriti con meno energia svolgeranno questo ruolo. Tuttavia, in quanto anima più illuminata, non volete che portino le loro vibrazioni negative nel vostro mondo, quindi avete bisogno di protezione.

Le migliori tecniche per proteggersi dalle energie negative

Dovete prepararvi prima di iniziare ad attrarre i vostri spiriti guida. L'esperienza può essere travolgente se non si è completamente preparati. La messa a terra, la centratura e la schermatura sono tre dei modi più efficaci per assicurarsi di ricevere solo amore e forza dal proprio gruppo spiritico.

Centratura

Credenze e tradizioni spirituali diverse hanno definizioni diverse di centratura, quindi dovete trovare la tecnica migliore per voi stessi. Le basi sono più o meno le stesse in tutti gli insegnamenti, quindi usatele per creare il vostro rituale personale che copra le aree di cui avete bisogno.

Passo 1) Creare uno spazio tranquillo. A casa, spegnete tutti i dispositivi elettrici e chiudete le porte. Se siete all'aperto, assicuratevi che le uniche interruzioni siano la brezza e l'oscillazione degli alberi.

Passo 2) Scegliere una posizione comoda per sedersi. È possibile sdraiarsi, ma alcune persone si addormentano in posizione supina.

Passo 3) Respirate profondamente e rilassatevi. Concentratevi sulla respirazione e utilizzate un canto per regolare il respiro.

Passo 4) Visualizzare l'energia. Una volta regolata la respirazione, è il momento di creare un campo energetico. Sfregate i palmi delle mani come se steste cercando di scaldarle e poi allontanateli leggermente. Sentirete una sensazione di formicolio che crepita tra i palmi.

Passo 5) Ora è il momento di espandere i pensieri. Immaginate che il campo energetico viaggi intorno a tutto il vostro corpo. Sentitelo espandersi e contrarsi mentre vortica intorno a voi. Ora immaginate che sia una palla di energia che può viaggiare tra le vostre mani e lanciarla da una mano all'altra.

Una volta acquisita questa tecnica, potrete utilizzarla ovunque vi troviate. Bloccati su un autobus o intrappolati in una riunione noiosa? Usate questa tecnica per centrarvi e rienergizzare il vostro nucleo.

Messa a terra

Quando si contattano gli spiriti, si incontrano livelli di energia che raramente si incontrano sul piano terreno. Prepararsi a questi incontri è semplice, ma essenziale. Il grounding è un processo in cui si impara a liberare il corpo dall'energia in eccesso in modo sicuro e controllato. La centratura consiste nel creare energia, mentre il grounding consiste nel dissiparla.

Dovete imparare a liberarvi dell'energia indesiderata senza proiettarla sugli altri. Dopo un rituale o una connessione spirituale, vi sentirete spesso nervosi e fuori equilibrio con il mondo fisico. Questo perché avete amplificato le vostre energie e queste interferiscono con i vostri sensi.

Il grounding è abbastanza semplice e richiede solo qualche sessione di pratica. Chiudete gli occhi e concentratevi sull'energia raccolta nel plesso solare. Immaginatela come una palla di fuoco e di luce e spingetela nelle mani. Ora immaginate di scuotere le mani e che l'energia esca dal vostro corpo e si scarichi a terra. Dovete scegliere un oggetto o un contenitore per contenere l'energia e tenerla al sicuro. Provate a mettere un secchio di sabbia arrabbiata fuori dalla porta di casa quando sentite il bisogno di liberare l'energia in eccesso, proiettatela nel secchio e tenetela lontana dalla vostra abitazione.

Un altro metodo è quello di spingere l'energia verso il basso, attraverso le gambe e i piedi. Immaginate un tappo rimovibile alla pianta dei piedi che può essere tirato per far defluire l'energia. L'energia defluisce nel terreno, dove viene assorbita dalla natura. Alcuni trovano utile saltare su e giù per liberarsi dell'ultimo pezzo di energia residua.

Entrambe le tecniche di radicamento trarranno beneficio da un'esultanza orale. Gridare qualcosa come "Via, energie fastidiose" aiuterà a concludere l'esercizio con vigore. Naturalmente, potete creare il vostro incitamento per liberare queste energie represse.

Schermatura spirituale

La schermatura è un termine popolare usato per indicare le forme di protezione nel mondo metafisico e comprende molti metodi diversi. Potete utilizzare tutte le tecniche di schermatura che volete. La vostra protezione è fondamentale e la necessità di tenere lontana l'energia negativa è essenziale.

- Creare un campo energetico

Quando espellete energia durante una sessione di grounding, potete utilizzarla in modo diverso. Invece di gettarla via, utilizzate le forze in eccesso per creare un potente scudo che vi protegga dagli spiriti maligni. Quando l'energia lascia la punta delle dita, immaginate che scorra sul vostro corpo fisico e che formi una bolla di protezione. Osservando l'esterno della bolla, noterete che è riflettente e impenetrabile. Questo scudo sarà il vostro luogo sicuro per eccellenza, dove saranno ammessi solo gli spiriti di alto livello.

- Cristalli

I cristalli protettivi sono un ottimo modo per impiegare un sistema di protezione portatile. I cristalli neri sono impressionanti se usati per formare uno scudo, ma molti altri hanno sorprendenti proprietà di protezione. Smeraldi, lapislazzuli, quarzo chiaro e cristalli occhio di tigre sono tutti facilmente reperibili e sono tutti potenti forme di deviazione delle energie indesiderate.

- Invocare gli spiriti protettori

Gesù e i suoi arcangeli sono lì per voi. Questo non ha nulla a che vedere con la vostra religione o il vostro credo. Parleremo degli arcangeli in un capitolo successivo, ma Gesù vi invierà sempre la luce della protezione quando ne avrete bisogno. Ricordate, dovete solo chiedere.

- Gioielli **a specchio**

Così come vedete le qualità protettive della superficie riflettente che ricopre il vostro campo energetico, potete usare gli specchi per deviare la negatività. Mettete intorno a voi dei piccoli specchi a mano per avere una superficie riflettente. Indossate un ciondolo a specchio intorno al collo per ottenere un ulteriore strato di forza.

- Tagliare il cavo

Nonostante gli strati di protezione di cui vi circondate, esiste una remota possibilità che il vostro spazio personale venga penetrato. Dovete sapere come liberarvi di tutte le energie con cui non vi sentite a vostro agio. Questo non vale solo per le vostre connessioni spirituali; a volte, le relazioni fisiche negative interferiscono con i vostri tentativi di crescita spirituale.

Come eseguire un rituale di taglio del cavo per eliminare la negatività dalle relazioni fisiche:

Decidete chi deve essere rimosso dal vostro campo aurico. Può trattarsi di persone del passato che ancora interferiscono con i vostri pensieri e vi causano disagio. Sono anche persone che si trovano nel vostro ambiente attuale e che devono essere allontanate. Fate un elenco di tutti coloro che si qualificano come forze negative. Includete i partner del passato che vi hanno fatto soffrire o vi hanno tradito. Includete anche chi vi ha maltrattato o fatto del bullismo negli anni della formazione o le persone sul posto di lavoro che non vi trattano con rispetto.

Ora, invocate gli spiriti e la vostra guida spirituale affinché vi aiutino a rimuovere i cordoni eterici che vi legano a queste persone. Nominatele e dichiarate il vostro intento di separare le vostre energie dalle loro. Pronunciate con forza e intenzione quanto segue o formulate una vostra versione per invocare gli spiriti:

"Obbligo la mia amorevole famiglia spiritica e tutti gli angeli e le guide che l'accompagnano a farsi avanti e ad aiutarmi a tagliare i cordoni eterici che mi legano a (inserire nome/nomi.) Li perdono e li benedico con la capacità di vivere in pace, e li libero di allontanarsi come farò anch'io".

"Ti chiedo di spezzare tutti i cordoni energetici e di trasmutare i detriti in un luogo cosmico o di restituirli alla persona che li ha creati per prima. Non porto rancore a (inserire nome/nomi), e auguro loro pace spirituale e distacco consapevole".

Una volta terminato il rituale, dovreste passare qualche minuto a sentire i poteri che iniziano a funzionare. Alcune persone troveranno un cambiamento nei loro livelli di energia immediatamente, mentre altre impiegheranno più tempo. Se si esegue il rituale poco prima di andare a dormire, si possono fare sogni significativi e vividi sulle persone da cui si è tagliato il cordone. Queste saranno le ultime volte che queste energie faranno parte della vostra vita, quindi ricordatevi di ringraziare gli angeli e gli spiriti per il loro intervento il mattino seguente.

Come pulire il vostro spazio e renderlo sacro:

Tutti noi abbiamo bisogno di sapere che esiste un luogo in cui ci sentiamo sicuri e protetti. Può essere una stanza, un luogo in giardino o un semplice mobile. Questo rifugio è il luogo in cui potete andare a parlare con i vostri spiriti e a porre loro delle domande. Sapete che quando il vostro spazio sacro è in uso, state inviando all'universo il segnale che siete impegnati e pronti a comunicare.

Il vostro spazio sacro dovrebbe essere un'oasi in un mondo caotico. Assicuratevi di portare con voi oggetti come una coperta nel caso in cui sentiate freddo e bevande nel caso in cui abbiate sete. Non si può mai sapere quanto tempo si resterà lì, perché la nostra tempistica non governa gli spiriti, che potrebbero avere molto da dire!

Creare uno spazio che contenga elementi della Terra. Ciò significa rappresentare gli elementi di base di Aria, Fuoco, Acqua e Terra. Siate fantasiosi e decorate il vostro spazio con oggetti esteticamente piacevoli e che vi danno gioia.

L'aria è generalmente rappresentata da piume, campane a vento o un ventaglio. Posizionate i vostri oggetti a Est e utilizzate il triangolo rovesciato con una linea orizzontale che lo attraversa per rafforzare ulteriormente il legame.

Candele e altre forme di luce rappresentano il fuoco. Per creare un legame con questo particolare elemento, si possono utilizzare anche luci solari per la sicurezza o incensi. Un triangolo verticale è un simbolo rappresentativo del fuoco. Collocate i vostri simboli nella parte meridionale del vostro spazio.

L'acqua è l'elemento con cui ci si può divertire davvero. Conchiglie, acqua di mare o una ciotola di acqua sacra e benedetta rappresenteranno l'aspetto che l'acqua porta alla vita. Collocate gli oggetti nella parte occidentale del vostro spazio.

La Terra è l'elemento che ci sostiene e crea una roccia per noi. Rappresentatelo utilizzando piante o pietre per decorare e proteggere il vostro spazio. Collocate i vostri oggetti nella parte settentrionale del vostro spazio.

Fate una pulizia spirituale con lo smudging del vostro spazio. Le erbe secche, la salvia e il rosmarino sono perfette per essere bruciate e gettare fumo purificante nel vostro spazio.

La chiave per creare il vostro spazio sacro è evitare di complicare troppo le cose. Mantenete le cose semplici e adattate alle vostre esigenze. Il vostro spazio sacro è vostro. Non lasciate che gli altri lo inquinino con le loro energie e la loro negatività.

CAPITOLO 4: PERCHÉ ABBIAMO BISOGNO DEGLI SPIRITI GUIDA?

Considerate la vostra vita: dalla nascita, all'infanzia, fino all'età adulta, nessuno ha un percorso chiaro e privo di ostacoli. Tutti devono prendere decisioni e affrontare esperienze traumatiche. Certo, le persone che ci circondano ci saranno vicine, ma è necessaria una forza superiore che ci aiuti e ci sostenga. Alcuni credono di essersi reincarnati più volte e questo li aiuta a crescere spiritualmente, mentre altri credono che siamo qui solo una volta e che bisogna sfruttare al massimo il tempo trascorso sulla Terra.

Indipendentemente dalle vostre convinzioni, riceverete un aiuto dal mondo spirituale, che lo vogliate o meno. Questo aiuto diventerà più potente solo quando lo alimenterete con le vostre intenzioni e vi sforzerete di contattare coloro che formano il vostro gruppo spirituale. Sapere quando farlo può essere controverso e alcuni tentano di entrare in contatto per le ragioni sbagliate.

Ci sono diversi motivi per cui potreste sentirvi obbligati a contattare il mondo spirituale. Potete farlo attraverso un medium o avviando un contatto attraverso voi stessi. Qualunque sia il metodo scelto, se lo si fa per il motivo giusto, il risultato sarà gratificante e di successo.

I motivi giusti per entrare in contatto con il mondo degli spiriti

- Avete perso una persona cara e sentite il bisogno di entrare in contatto con lei. Forse avete delle questioni in sospeso che dovete risolvere, oppure hanno espresso il desiderio di mettersi in contatto con voi dopo la morte. Sebbene questo sia probabilmente il motivo più comune per cui ci si rivolge agli spiriti, ciò non significa che sia sempre una buona idea. Non cercate di regolare i conti con le persone che sono morte. Iniziate i contatti solo se vi impegnate a fare esperienze positive. Il mondo degli spiriti non è il luogo dove portare rancori e discussioni che non possono essere risolte.

- Avete sempre sentito di avere legami con il regno spirituale. Le persone che nascono con tendenze medianiche sanno fin da piccole di avere un dono. I loro sogni saranno pieni di chiari messaggi dal regno astrale e avranno incontri con gli spiriti anche durante le ore di veglia. Riuscire a intravedere qualcuno che è morto è un chiaro segno che si ha la capacità di colmare il divario tra il mondo vivente e il regno degli spiriti.

- Se avete visto cose fuori dall'ordinario, potrebbe essere un segno che il mondo degli spiriti cerca di mettersi in contatto con voi. Piume che appaiono dal nulla o farfalle in pieno inverno sono solo un paio di esempi di comunicazioni spirituali. In cuor vostro saprete quando è il momento giusto; dopo tutto, gli spiriti hanno un certo controllo su ciò che il vostro istinto vi dice che è giusto.

- La società moderna e il mondo in cui vivete stanno diventando frenetici e opprimenti. La ricerca di una vita più pacifica è un motivo valido per collegarsi al proprio gruppo spirituale. Dovreste creare uno spazio sacro in cui ritirarvi per dimenticare l'ambiente frenetico in cui vivete e visitare un luogo pieno di armonia, pace e amore. Alcune persone si ritirano nella natura quando tutto diventa troppo difficile da gestire; voi vi ritirerete nella natura suprema all'interno del regno astrale.

I motivi sbagliati per cercare una connessione con il mondo degli spiriti

Ogni volta che ci sono buone ragioni per fare qualcosa, ci devono essere anche cattive ragioni. Il collegamento con gli spiriti non è diverso. I media popolari sono stati ossessionati da medium, esorcisti, spiriti maligni e tutto il resto per decenni. Riempiono la testa del pubblico di informazioni errate e le loro immagini possono spingere le persone ad avvicinarsi al soprannaturale per le ragioni sbagliate.

Comunicare con l'altra parte è un'opzione disponibile per tutti, ma non bisogna oltrepassare certi limiti. Si tratta di un argomento serio e non dovrebbe essere affrontato con leggerezza o per capriccio. Ogni connessione è un legame sacro e potente che va rispettato. Gli spiriti non sono lì per essere un giocattolo per gli esseri umani; sono lì per uno scopo più alto.

- Siete impreparati. Nessuno si sveglia una mattina e decide spontaneamente di essere spirituale e di volersi connettere con una forza superiore. C'è un accumulo prima di qualsiasi esempio di vero intento, e questo richiede tempo. Non dovreste mai iniziare una comunicazione senza la giusta preparazione e senza una forte forma di protezione.

- Viene utilizzata come parte dell'intrattenimento di una riunione sociale. Quante storie di tavole Ouija usate in pigiama party avete sentito? È mai andata bene? No, e non andrà mai bene. Anche fare una seduta spiritica a una festa sociale non è una grande idea. La comunicazione spirituale si basa sulle energie, quindi immaginate che vortice di energie si può trovare in un incontro sociale dove le persone bevono, socializzano con estranei o cercano di essere spaventate da spiriti maligni. Non avete alcun controllo sulle intenzioni o sulle emozioni degli altri, quindi potreste mettervi in pericolo.

- Siete stati sfidati a partecipare. Quando qualcuno vi fa pressione, è facile prendere decisioni sbagliate, che a volte vanno bene, ma non in questa situazione. Non lasciate che il vostro ego abbia la meglio su di voi; allontanatevi se non vi sentite a vostro agio e non sentitevi mai obbligati a partecipare. Lasciate gli altri o rimanete e convinceteli a non farlo; la scelta è vostra. Qualunque sia la vostra decisione, siete responsabili solo della vostra sicurezza personale, che deve essere la vostra priorità.

- Sembra bello in televisione e nei film. Se questa è la vostra ragione principale per contattare il mondo degli spiriti, probabilmente non funzionerà. Tornate a guardare film e spettacoli sugli spiriti e lasciate perdere. Se siete stati veramente ispirati da qualcosa sullo schermo, allora farete le vostre ricerche e prenderete sul serio l'argomento.

Ora che abbiamo stabilito il motivo della vostra scelta di connettervi o meno, è il momento di esaminare alcune semplici cose da fare e da non fare. Se siete nello stato d'animo giusto e siete preparati mentalmente e fisicamente per il collegamento, seguite questo elenco di cose da fare prima di iniziare:

- Proteggetevi. Una forma di protezione di base consiste nell'invitare la vostra équipe spirituale a unirsi a voi. Forse non li avete ancora incontrati, ma sono lì.

- Vestitevi in modo appropriato. Mantenete un abbigliamento leggero e fresco per non distrarvi. Dovete essere concentrati sul vostro stato mentale e armeggiare con spalline o maniche non farà altro che deviare i vostri pensieri e diminuire la vostra intenzione. Un paio di pantaloni comodi per il tempo libero e una maglietta di cotone sono perfetti.

- Preparatevi all'incontro in anticipo. Scrivete una lettera al vostro spirito guida. Dichiarate cosa sperate di ottenere e quanto non vedete l'ora di incontrarlo. Questo metodo di comunicazione consente di essere più precisi su ciò che ci si aspetta dall'incontro.

- Chiedete come si chiama lo spirito. Quando si comunica con loro, si tratta di una conversazione a due vie. Spesso si commette l'errore di credere che gli spiriti siano lì per dire loro cosa fare, come farlo e perché. Dovete aspettarvi una discussione completa e franca, proprio come nelle vostre relazioni fisiche. Il fatto che siano spiriti non significa che siano superiori a voi. Trattateli come vostri contemporanei e scambiate con loro le vostre idee.

- Usate gli strumenti giusti per rafforzare le vostre connessioni. Strumenti come i tarocchi, i pendoli e gli strumenti di scrittura automatica non funzionano per tutti, ma non lo saprete mai se non ci provate. Gli strumenti vi aiutano a focalizzare le vostre intenzioni.

E ora le cose da non fare! Dovete prendere nota di questi punti perché ci sono spiriti di basso livello che non volete incontrare, quindi le vostre intenzioni devono essere corrette e pure:

- Non utilizzate strumenti che vi attraggono solo perché li avete visti in televisione o nei film. Le tavole Ouija o spiritiche non sono ideali per i principianti perché possono essere pericolose da usare. L'uso di strumenti più tradizionali e salutari vi terrà al sicuro, mentre una tavola Ouija potrebbe permettere alla negatività e alle energie negative di infettare il vostro spazio.

- Non aspettatevi fischietti e campanelli dal vostro incontro. Potreste essere fortunati e vedere il vostro spirito guida in forma fisica, oppure potreste semplicemente ricevere un'essenza del vostro spirito. Può trattarsi di un odore o di una sensazione sottile che indica che sono con voi. Come in tutte le cose che valgono la pena di essere fatte, migliorerete con la pratica. Non siate disillusi o scoraggiati se il vostro spirito non è così accessibile come vorreste. Ricordate che hanno bisogno di usare le loro energie per comunicare e voi dovete essere pazienti con questo processo.

- Non proseguite con un incontro spirituale se qualcosa non vi convince. Ascoltate il vostro intuito e siate pronti ad allontanarvi. Non c'è limite al numero di volte che si può raggiungere il piano astrale, quindi non c'è nulla di male a ritirarsi se ci si sente sopraffatti.

- Non forzate le questioni. Si tratta di una forma di comunicazione fluida e dovete essere pronti a seguire il flusso. Potreste avere determinate intenzioni, ma i messaggi che ricevete sono dedicati ad altre aree della vostra vita. Non pensate che le guide stiano deliberatamente ignorando le vostre preoccupazioni iniziali; probabilmente riconoscono che altre aree della vostra vita richiedono un'attenzione più immediata prima che possiate andare avanti.

- Non venite con idee preconcette. Se iniziate il vostro viaggio spirituale con un'idea predeterminata di ciò che accadrà e di come la vostra vita migliorerà da un giorno all'altro, potreste rimanere delusi. Gli spiriti vi coprono le spalle, ma non sono la via per la ricchezza materiale o il successo, a meno che non ve lo meritiate. Chiedere a uno spirito di dirvi i numeri della lotteria della prossima settimana dimostra solo mancanza di rispetto e derisione per il loro mondo.

- Non siate conflittuali con i vostri spiriti guida. Può sembrare bello in televisione e divertente da guardare, ma in realtà è solo un modo per creare problemi. Certo, potete fare domande, ma ridicolizzare o prendere in giro uno spirito non finirà mai bene. Ancora una volta, dovete trattare la vostra squadra con amore e rispetto.

Ora che avete una comprensione più completa di ciò che potete aspettarvi dagli incontri spirituali, siete nel perfetto stato d'animo per decidere cosa fare dopo. Dovete iniziare a comunicare con gli spiriti da soli o dovete prima consultare dei professionisti?

Se scegliete di utilizzare un medium, assicuratevi che sia affidabile e che abbia referenze verificabili. Volete ricevere messaggi sul vostro futuro e sulla direzione da prendere? Allora dovreste scegliere un sensitivo piuttosto che un medium.

Anche il prezzo deve essere considerato. La maggior parte dei medium sono più interessati ai loro soggetti che agli aspetti finanziari, ma devono pur guadagnarsi da vivere. Scegliete un medium che dichiari una tariffa oraria equa in base alla sua esperienza. 50-60 dollari l'ora è una cifra giusta per i medium esperti con un buon curriculum.

CAPITOLO 5: SEGNI SPIRITUALI E COME INTERPRETARLI

Avete mai notato che nella vostra vita compaiono elementi casuali che vi fanno sentire bene? Non riuscite a capire perché vi sentite meglio, lo fate e basta. È probabile che le vostre guide spirituali stiano comunicando con voi perché sentono che ne avete bisogno.

Ecco alcuni dei modi più comuni in cui gli spiriti comunicano con noi e cosa ci dicono:

Piume

Vi siete mai chiesti perché i nativi indossano piume dai colori vivaci come parte dei loro abiti tradizionali? Perché dipingono immagini di piume sui loro muri e le incorporano nei loro rituali nativi? Molte culture credono che le piume siano un modo significativo per gli spiriti di comunicare con noi e che sembrino portare un messaggio importante dall'universo.

Trovare una piuma è un momento magico e rappresenta la libertà e la capacità di librarsi al di sopra del mondo fisico. Quando ricevete una piuma come segno, può significare molte cose diverse. Avete chiesto inconsciamente aiuto o la piuma è apparsa all'improvviso? Come si fa a sapere se si tratta di un segno o solo di qualcosa che un uccello ha lasciato?

È probabile che la piuma appaia in un luogo insolito e proprio di fronte a voi. Questi tipi di segni appaiono spesso sulla porta di casa o su un capo di abbigliamento. Saprete quando è stato inviato un segno magico grazie alle sensazioni che suscita.

Cosa significano i colori delle piume?

Bianco

Qualcuno veglia su di voi. Il vostro angelo custode vi invierà spesso una piuma bianca per farvi sapere che vi guarda le spalle. Il bianco indica una forma di protezione dall'alto e vi porterà gioia e amore. Le piume bianche sono anche collegate all'energia lunare che infonde un senso di purezza e pace.

Rosso

È il colore del chakra della radice e indica passione ed energia. Gli spiriti vi donano il coraggio e la vitalità per superare i momenti difficili. Le piume rosse vi indicano che la fortuna è nel vostro futuro. Il rosso è anche il colore dell'amore, quindi gli spiriti vi stanno dicendo che la vostra relazione andrà bene, a patto che portiate energia e passione.

Blu

Questo colore è rappresentativo del chakra della gola. Gli spiriti vi stanno dicendo di dire la vostra verità e di farvi sentire. Vi stanno inviando un segnale che vi invita a essere più riconoscenti e meno negativi nei confronti di voi stessi.

Giallo

È il colore rappresentativo del chakra del plesso solare. Le piume gialle sono segno di saggezza e di connessione con le energie solari, e gli spiriti vi stanno benedicendo con saggezza e gioia mentre vi ricordano che potete essere un po' troppo seri. Abbracciate il vostro lato giocoso e siate più allegri. A volte vi fate prendere da questioni profonde e dimenticate di lasciarvi andare e di godervi la vita.

Verde

È il colore del chakra del cuore. Come tale, rappresenta l'amore, le emozioni e le relazioni. Indica un periodo di fertilità e di nascita. Il verde indica anche che i benefici curativi della natura si prendono cura di voi e che dovreste entrare in contatto con gli organismi viventi e la flora.

Arancione

È il colore del chakra sacrale e rappresenta la creazione e l'energia. Gli spiriti indicano le vostre energie sessuali e le vostre attrazioni si intensificheranno presto. State per incontrare un forte amore ed energia fisica. Assicuratevi di accogliere ogni possibilità di connessione con una forza naturale complementare positiva.

Rosa

Questa piuma colorata viene inviata per ricordarvi che gli spiriti sono sempre lì per voi. Hanno un amore e un'amicizia incondizionati su cui potete contare, qualunque cosa accada. L'universo vi sta inviando un segno che siete benedetti dal suo amore e dal suo sostegno.

Grigio

Questo è il colore della fede. Gli spiriti vi dicono di credere in voi stessi e di sapere che anche il problema più fastidioso si risolverà col tempo. Un paio di piume grigie significa che riconoscono il trauma che state vivendo e stanno lavorando alla soluzione. Tenete duro e siate certi che vi aspettano tempi migliori.

Viola

È il colore del chakra della corona, che forma la vostra coscienza centrale. Una piuma viola viene inviata per ricordarvi quanto siete connessi al vostro sé spirituale. Significa anche che siete pronti a migliorare le vostre connessioni e ad ascendere a un piano superiore.

Marrone

Il colore della Terra. Una piuma marrone è segno che dovreste mettervi a terra e migliorare il vostro senso della casa. Forse state inconsciamente trascurando la vostra famiglia e dimenticando di coltivare le vostre amicizie. Una piuma marrone vi ricorda di rispettare le vostre radici e di dedicare loro l'attenzione che meritano.

Nero

Il colore nero è spesso frainteso quando si tratta di significati spirituali. Sebbene possa essere un serio avvertimento da parte degli spiriti, è anche un segno di protezione da parte dell'universo. Una piuma nera lucente rappresenta gli spiriti che vi danno il cinque per quanto riguarda il vostro sviluppo spirituale. Viene inviata per congratularsi dei propri progressi e per ricordare che la ricerca della comprensione spirituale è ben avviata.

La prossima volta che vi viene inviata una piuma, ricordatevi di ringraziare. Interrompete quello che state facendo e dite una preghiera o un sentito ringraziamento all'universo per il suo messaggio. Conservate le piume in un luogo sacro come un altare o sistematele in modo che siano visibili. Sono destinate a essere ammirate e vi ricorderanno che i vostri spiriti sono sempre con voi.

Altri segni significativi che gli Spiriti comunicano con voi

1) All'improvviso appare una brezza.

Avete mai sentito uno spruzzo d'aria fresca in una giornata altrimenti immobile? Una leggera carezza d'aria significa che gli spiriti vi stanno benedicendo ricordandovi che sono lì per voi. Quando avvertite questa sensazione, guardatevi intorno e verificate se c'è qualcos'altro che viene influenzato dalla brezza. Le foglie si muovono o siete solo voi? Questo tipo di contatto è uno dei segni più confortanti; accoglietelo e lasciatevi sollevare.

2) Appare improvvisamente una musica che ha un significato speciale per voi.

Tutti noi abbiamo canzoni speciali che ci ricordano determinati momenti ed emozioni. Quando l'universo cerca di darci conforto, ci invia una canzone per ricordarci i tempi migliori. Le canzoni che si riferiscono alla vostra situazione sono un modo comune per gli spiriti di inviarci messaggi.

3) Visitatori dalla natura

Gli spiriti sono particolarmente bravi a usare le forze naturali per messaggiare con noi sulla Terra. Farfalle, rondini, aquile, volpi e gufi sono tutti impregnati di significato, così come una miriade di altri animali. Quando incontrate una forza naturale in un luogo insolito, vi viene inviato un messaggio per confortarvi e portarvi gioia.

4) Rientrate in contatto con qualcuno del vostro passato

Gli spiriti amano utilizzare i legami del passato per trasmettere i loro messaggi. Se vi imbattete in qualcuno o ricevete una telefonata da una persona che non vedete da anni, fate attenzione alla conversazione. Senza dubbio avrà delle cose pertinenti da dirvi. Prendete nota e agite in base alle informazioni ricevute.

5) Avete la sensazione che qualcuno vi stia osservando.

È una sensazione comune a chi sta manifestando attivamente i propri desideri. Gli spiriti amano darvi un senso fisico della loro presenza, creando una sensazione di protezione. Quando si stabilisce una connessione con l'universo, questo ama ricordarvi che sta vigilando su di voi.

6) Consigli da fonti casuali

Vi è mai capitato di accendere la televisione o la radio e di rimanere stupiti dall'argomento del programma? Vi è capitato di sintonizzarvi su un programma di consulenza finanziaria quando vi trovate in difficoltà economiche o di imbattervi casualmente in una pubblicità di aiuto finanziario. Cartelloni pubblicitari, fonti mediatiche e altre fonti casuali possono contenere messaggi degli spiriti. Alcuni la chiamano coincidenza, altri si rendono conto che si tratta di una provvidenza dall'alto.

7) Regali inattesi da fonti inaspettate

Ultimamente vi sono successe cose belle? State vivendo una serie di giorni in cui tutto va per il verso giusto? Indovinate un po'? Gli spiriti vi stanno dicendo che vi meritate il meglio. Sentirsi fortunati e benedetti è un grande dono degli spiriti. Ricordatevi di ringraziarli per i loro interventi e di riconoscere i doni che vi hanno fatto.

8) Sincronicità dei numeri

La vita quotidiana è piena di incontri numerici. Pagate le bollette, fate la spesa, controllate l'ora e la data, e ogni incontro offre agli spiriti la possibilità di comunicare. La numerologia è un modo potente per interpretare ciò che questi messaggi vi stanno dicendo, quindi capire il significato dei numeri è fondamentale.

Il significato spirituale dei numeri

1) Il numero uno rappresenta l'indipendenza e la creatività. Questo numero dice che siete più leader che seguaci e che siete uno spirito libero. Quando il numero

si ripete, significa che si sta aprendo una porta spirituale per connettersi con l'universo e sviluppare il proprio potenziale con il suo aiuto.

2) Il numero due rappresenta la presenza di energia maschile e femminile. Segnala armonia ed equilibrio e, se ripetuto, significa che la vostra vita è in un punto armonioso. Gli spiriti vi stanno dicendo che i vostri desideri e le vostre manifestazioni sono vicini alla realizzazione.

3) Il numero tre rappresenta la mente, il corpo e l'anima. Gli spiriti vi assicurano che siete pronti a crescere ed espandervi. Quando il numero si ripete, segnala l'assenza di conflitti e vi dà il via libera per lavorare sulla vostra spiritualità.

4) Il numero quattro è associato alla forza interiore e alla prosperità. Più quattro significano che avrete successo negli affari e nella creazione di qualcosa di vantaggioso per gli altri.

5) Il numero cinque è simbolo di libertà e felicità. Più cinque segnalano che il cambiamento è in arrivo e che gli spiriti vi stanno dicendo di prepararvi a un'ondata di positività che entrerà nella vostra vita.

6) Il numero sei indica che dovreste essere più umili. Gli spiriti amano la vostra fiducia in voi stessi, ma vi stanno dicendo di moderarla e di stare un po' più con i piedi per terra. I sei ripetuti significano che vi stanno incoraggiando ad ascoltare la vostra voce interiore e a usare l'intelletto.

7) Il numero sette è legato alla salute e all'illuminazione spirituale. Gli spiriti useranno ripetuti esempi di sette per ricordarvi di lavorare sul vostro sviluppo spirituale e sulla vostra consapevolezza. Il triplo sette è un segno potente che indica che la buona sorte, la fortuna e persino i miracoli si stanno dirigendo verso di voi.

8) Il numero otto rappresenta la parte solida e affidabile di voi. Gli otto ripetuti sono segnali che la vostra energia universale sarà utilizzata al meglio per migliorare le questioni pratiche, come le finanze. Il triplo otto rappresenta un flusso naturale di ricchezza e prosperità.

9) Il numero nove indica il completamento. Quando si vede questo numero o multipli di nove, è segno che qualcosa deve essere abbandonato. Dovete lasciare andare un'area della vostra vita in modo che altre possano crescere. Il doppio nove è un segnale dell'universo che vi invita a pensare a come potete essere utili agli altri. I multipli di nove indicano la chiusura di un capitolo e il bisogno di compassione.

CAPITOLO 6: ARCANGELI

Chi sono gli Arcangeli?

Da non confondere con gli angeli custodi, questi corpi celesti sono un collegamento diretto con i poteri celesti. Se siete cristiani, si tratta dell'entità che conoscete come Dio, mentre se appartenete a gruppi religiosi diversi, sono collegati allo spirito o alla divinità più elevata del vostro sistema di credenze.

Nonostante il loro status elevato, non è difficile invocarli. Sono lì per aiutare e accoglieranno le vostre comunicazioni. Potete chiedere loro di intervenire nella vostra vita pregandoli e chiedendo mentalmente la loro assistenza. Potete parlare con loro a voce o scrivere loro una lettera per dichiarare le vostre intenzioni. Quando invocate gli Arcangeli, preparatevi a far entrare nella vostra vita una forza importante.

Come le altre guide spirituali, ognuno degli Arcangeli ha uno scopo specifico e un settore in cui è specializzato. Questo non significa che non possiate contattarli per argomenti più generici, ma capire i loro punti di forza vi darà maggiori possibilità di trovare le risposte di cui avete bisogno. Possono aiutarvi con la loro saggezza e combatteranno al vostro fianco ogni volta che ne avrete bisogno.

Nella Bibbia, gli Arcangeli sono dotati di immensi poteri e hanno il compito di governare gli angeli minori. Se avete bisogno di una forza del regno spirituale, fate appello a questi influenti membri del mondo astrale.

Cosa rappresentano i diversi arcangeli?

La prima cosa da capire è che la maggior parte delle rappresentazioni degli Arcangeli li raffigura di un certo sesso. In realtà, essi adottano il genere che si adatta alla situazione.

Arcangelo Gabriele

Il nome Gabriele significa Dio è la mia forza, il che dà un'idea del potere che questo Arcangelo esercita. È il messaggero supremo e vi aiuterà se avete difficoltà a comunicare chiaramente con il vostro gruppo spirituale. Invocatelo per avere un modo più chiaro di interpretare i messaggi dall'alto ed essere benedetti dal suo potere e dal suo amore.

Arcangelo Michele

Questo angelo guerriero è spesso raffigurato con una spada e uno scudo. È il protettore per eccellenza e combatte per voi quando subite attacchi psichici. Se avete dei draghi da uccidere, volete Michele al vostro fianco. È l'angelo più potente del regno celeste e nel giorno del giudizio sarà sua responsabilità pesare tutte le anime umane sulla bilancia della giustizia.

Arcangelo Raffaele

Il suo nome significa colui che guarisce, quindi rivolgetevi a Raffaele se avete a che fare con malattie o malesseri. Egli si occupa di tutti i tipi di malattia e di sofferenza nelle forme fisiche, emotive e mentali. È pieno di compassione e di conforto e verrà in vostro aiuto se avete bisogno di conforto e di cure.

Arcangelo Ariel

La Leonessa di Dio. Lasciate che questa forza potente entri nella vostra vita quando siete colpiti da questioni ambientali. Ariel è una paladina della natura e vi aiuterà ad affrontare le vostre preoccupazioni per le questioni ecologiche e gli animali feriti. È la guerriera ecologica per eccellenza e il suo potere vi darà la forza di lottare per un mondo migliore.

Arcangelo Haniel

Il suo nome significa gioia di Dio. Invocatela quando avete bisogno di aiuto per connettervi al vostro Sé superiore. È responsabile della protezione della vostra anima, quindi invocate i suoi poteri se vi sentite feriti internamente e avete bisogno di guarire. Vi aiuterà a guarire e a superare le oscillazioni emotive distruttive e dannose.

Arcangelo Metatron

L'angelo della vita Metatron è responsabile dell'albero della vita. Tra i suoi compiti vi è quello di registrare le buone azioni compiute dalle persone e di aiutare i bambini a crescere fino all'età adulta. Se volete esplorare i vostri potenziali doni psichici e spirituali, contattate Metatron e chiedete il suo aiuto per sviluppare le vostre capacità. Se dovete prendere una decisione importante, chiedete a Metatron di darvi un consiglio.

Arcangelo Jophiel

È conosciuta come la bellezza di Dio ed è particolarmente associata alla creatività e ai talenti artistici. Ha una vibrazione potente e porta la calma a chi è in agitazione. Usatela per portare gioia nella vostra vita ogni volta che vi sentite negativi o tristi.

Arcangelo Muriel

Il suo nome significa profumo di Dio. Porta compassione e amore a chi ne ha bisogno. Muriel aiuterà chiunque abbia bisogno di lei e, una volta stabilito il legame, vi sembrerà di esservi fatti una nuova amica. Chiamatela quando avete bisogno di un sostegno emotivo.

Arcangelo Uriel

L'angelo della saggezza. Sarà la vostra luce guida nei momenti bui. La sua saggezza e il suo intuito vi aiuteranno a sviluppare le vostre percezioni e a risolvere i vostri problemi. È uno dei serafini illuminati, il che significa che ha un legame diretto con il Creatore e può aiutarvi a creare legami con il mondo spirituale.

Arcangelo Azrael

L'angelo della morte. Usatelo come consigliere spirituale nei momenti di dolore e di perdita; se la vostra rabbia e la vostra negatività hanno raggiunto il punto in cui vi sentite capaci di fare del male a qualcuno, rivolgetevi ad Azrael per avere la sua guida. Egli vi aiuterà a ritrovare la strada giusta nella vita e a lasciar andare le emozioni negative che state covando.

Arcangelo Zadkiel

L'angelo del perdono e della misericordia. È una forza potente che può aiutarvi a lasciare andare il passato e a rinascere spiritualmente. Vi darà la forza di purificare la vostra anima e di innalzare le vostre vibrazioni, perdonandovi e rendendovi liberi di diventare la persona che volete essere. Se siete bloccati in un vicolo cieco e volete andare avanti, Zadkiel verrà in vostro aiuto.

Arcangelo Chamuel

L'angelo delle relazioni pacifiche. Invocatelo per riportare la calma nelle situazioni relazionali che vi sono sfuggite di mano. Le relazioni fisiche sono importanti, ma lui vi aiuterà anche a gestire i legami spirituali.

Arcangelo Jeremiel

È un Arcangelo unico nel suo genere. È uno dei sette originali responsabili della supervisione dell'umanità e del servizio ai suoi bisogni. Non è un angelo vocale, ma preferisce comunicare attraverso i sogni e altri metodi non verbali. Ama guidarci e insegnarci, ma invia i suoi messaggi attraverso simboli, sogni e visioni. La sua influenza sulla vostra mente subconscia significa che è sempre con voi quando ne avete bisogno.

Arcangelo Raziel

È l'angelo del segreto ed è uno dei bracci destri di Dio. Custodisce il mistero dell'universo ed è in possesso delle conoscenze più innate. La sua conoscenza non si acquisisce facilmente; egli crede che se si vuole diventare più radicati spiritualmente, bisogna lavorare per ottenerla. Grazie alla sua natura calma e raccolta, spesso non si fa notare, ma è certo che vuole che abbiate successo e farà tutto il possibile per aiutarvi.

Arcangelo Sandalphon

È il guardiano della natura ed è un collegamento diretto con le forze terrestri. Ama la musica e la gioia, il che lo rende uno degli Arcangeli con cui è più facile lavorare. Ha una personalità semplice che lo rende accessibile e che gli permette di raggiungere direttamente il cielo. Grazie alla sua semplicità, Sandalphon è l'Arcangelo perfetto per i principianti. Vi accoglierà a braccia aperte e vi aiuterà a sentirvi a vostro agio nei regni superiori.

Arcangelo Sachiel

È un nome relativamente sconosciuto nei registri moderni degli Arcangeli. Il suo nome è associato al pianeta Giove, il più grande del sistema solare. Questo perché è l'angelo della crescita e del successo. Può aiutarvi nelle questioni di successo personale, prosperità e guadagno materiale. Queste possono non sembrare aree angeliche, ma a volte tutti abbiamo bisogno di aiuto per avere successo. Invocatelo per aiutarvi a espandere i vostri pensieri, a correre dei rischi e a evolvervi.

Arcangelo Orione

Associato alla stella Orione, è considerato il meno appariscente di tutti gli Arcangeli. È nuovo nell'interazione con gli esseri umani e preferisce mantenere i suoi messaggi non verbali. Il suo scopo principale è quello di aiutarvi ad abbandonare le vostre inibizioni e ad ispirarvi a crescere ed espandervi. Porta una vibrazione unica nella vostra vita e si può fare affidamento su di lui per realizzare i vostri sogni.

Connettersi con gli Arcangeli può sembrare un passo spirituale importante. Per alcuni ci vorrà un coraggio immenso per raggiungere questi importanti esseri spirituali, ma per altri sarà facile. Ricordate che la vostra appartenenza religiosa non ha importanza quando si tratta degli Arcangeli: essi vi aiuteranno indipendentemente dal vostro credo.

Hanno il potere di accedere ai vostri pensieri e si può confidare che li mantengano privati. Non è necessario eseguire rituali speciali per invocare il loro aiuto; è sufficiente avere una mente aperta. Quando sentirete i poteri telepatici che gli angeli vi invieranno, sarà un segnale che riconoscono i vostri bisogni e sono al lavoro.

Riconoscerete presto che alcuni Arcangeli lavorano meglio in tandem con altri. Per esempio, Orione e Sachiel concentrano entrambi i loro poteri sul successo e sulla ricchezza materiale. Portateli nella vostra squadra spirituale e sentirete quasi subito la differenza. Grazie al loro aiuto avrete la fiducia in voi stessi e la forza interiore per realizzare i vostri sogni e diventare un essere umano di maggior successo.

Il Libro della Vita ci dice che Sandalphon e Metatron sono fratelli, quindi il loro potere è intrecciato. Studiate le caratteristiche e i poteri di tutti gli Arcangeli e beneficerete ancora di più dei loro interventi. Non aspettatevi che il processo vi porti immediatamente visioni e messaggi, perché la vostra tecnica migliorerà con la pratica. Come per tutte le comunicazioni spirituali, il primo passo è dare il permesso di essere contattati. Una volta che avrete aperto la vostra mente a loro, essi risponderanno.

CAPITOLO 7: ΛNIMALI SPIRITUALI

Gli spiriti che ci proteggono assumono diverse forme quando ci fanno visita. Sanno intuitivamente come farci sentire calmi e protetti assumendo una forma naturale, di solito un animale o un uccello. Queste forme spiritiche sono spesso raggruppate sotto il nome di "spiriti animali", ma ci sono significati diversi dietro a certi spiriti.

Dovete decidere il significato di questi simboli della natura e determinare il messaggio che portano. Questo avrà senso se applicato agli eventi presenti, passati o futuri e alle emozioni che scatenano. Dovete capire che non potete scegliere il vostro animale spirituale o quando farà la sua comparsa nella vostra vita. Questi sono già preordinati e avverranno al momento giusto.

Potreste avere la sensazione di essere più associati al possente leone o al potente orso, eppure continuate a vedere farfalle e anatre piuttosto che le possenti bestie a cui pensate di essere collegati. Credete nel processo e lasciate che fluisca naturalmente. Gli spiriti vi assegneranno l'animale giusto al momento giusto. Questi cambieranno con l'evolversi della vostra situazione e della vostra maturità. Fasi specifiche della vostra vita saranno rappresentate dagli animali più adatti alle vostre esigenze.

Potreste sentire un'affinità con alcuni animali a seconda del vostro compleanno. Se siete nati sotto l'Ariete o il Capricorno, sentirete un'affinità con gli animali caprini come l'ariete e la capra. Le pecore e le altre razze con gli zoccoli vi incuriosiranno. Gli animali delle piscine piaceranno ai nati sotto il segno dell'acqua, mentre i leoni e gli altri grandi felini piaceranno ai nati sotto il segno del Leone.

Ma se il vostro segno zodiacale non ha legami con il mondo animale come i Gemelli o la Vergine? È più probabile che questi segni trovino un legame con animali fantastici e mitici come la fenice o il Bigfoot. Non ci sono regole ferree per quanto riguarda gli spiriti animali, e il vostro legame si baserà sulla vostra personalità, sui vostri bisogni spirituali e sulle caratteristiche che l'animale può apportare al vostro mondo.

Non si tratta di uno snobismo spirituale. Il più piccolo insetto è potente quanto la potente giraffa. Ricordate, siamo tutti parte del grande arazzo che chiamiamo vita e tutti abbiamo un ruolo importante da svolgere. Se siete attratti dalle lucciole, allora seguitele!

Animali spirituali, totem e di potere

Animali dello spirito

Vedete esempi ripetuti di particolari animali ovunque guardiate? Vi capita di vedere documentari su di loro e poi di vedere un'opera d'arte con la loro immagine? Fanno parte di una pubblicità che sembra apparire in televisione tra ogni programma che guardate? È probabile che si tratti del vostro animale spirituale.

In effetti, queste forme spirituali sono una rappresentazione dei poteri e delle capacità che avete attualmente. Vengono inviate per ricordarvi il vostro potere di crescere, espandere e migliorare voi stessi imparando. Rappresentano anche messaggi relativi a diverse persone o situazioni con cui siete attualmente coinvolti.

Per esempio, un animale lento come una tartaruga o un bradipo vi verrà inviato per dirvi di rallentare e riconsiderare qualsiasi decisione seria che avete preso di recente. Uno spirito uccello vi farà visita se gli spiriti ritengono che sia giunto il momento di spiegare le ali. Il modo in cui interpretate i vostri spiriti animali dipende da voi, ma avere una conoscenza generale di ciò che rappresentano vi aiuterà.

Animali Totem

Avete una collezione di oggetti legati a un particolare animale? Sapete di averne troppi, ma vi sentite obbligati a comprare tutto ciò su cui riuscite a mettere le mani? Questo è il vostro animale totem che parla alla vostra anima. Nella cultura dei nativi americani, la tradizione vuole che il vostro animale totem rimanga con voi e con la vostra famiglia per tutta la vita. Quando crescerete spiritualmente, crescerà anche la conoscenza del vostro animale totem.

Animali di potere

Se non avete mai sentito il termine Biomimetica o Biomimetica, forse non avete mai sperimentato la connessione con gli animali di potere. Nelle culture native, gli anziani insegnano ai bambini fin dalla più tenera età a invocare il regno animale per aiutarli a imparare come svilupparsi. I potenziali cacciatori invocano la tigre o la pantera per "diventare" come loro quando cacciano.

Lo spirito dell'animale guiderà i bambini a padroneggiare l'attività e darà loro le conoscenze necessarie. Per esempio, uno scoiattolo potrebbe essere chiamato a portare un senso di divertimento, mentre un falco aiuterebbe a vedere meglio una situazione.

Richiamare il proprio animale guida è un processo naturale. Il DNA collega tutti gli esseri umani e gli animali e tutti noi abbiamo il potere di sfruttare la conoscenza che cerchiamo. Richiamate o invocate lo spirito del vostro animale di potere richiesto per conferirgli energia e forza ogni volta che ne sentite il bisogno.

Gli animali con cui comunicate provengono da un sistema ecologico vario, quindi potrebbero essere insetti, mammiferi, pesci, anfibi o uccelli. In alternativa, il mondo degli spiriti può decidere di inviarvi rappresentazioni dal mondo della fantasia e delle creature mitologiche. Ogni forma di vita rappresenta qualcosa, quindi aspettatevi di vedere creature più diverse man mano che il vostro sé spirituale cresce e diventa finemente sintonizzato sui messaggi che ricevete.

Ecco alcuni esempi di creature e animali che appariranno come spiriti animali e che potranno essere richiamati come animali di potere:

Anfibi e rettili

Queste resistenti creature sono strettamente legate all'acqua ed esistono in un mondo diviso tra terra e acqua. In quanto tali, rappresentano i due elementi della Terra e dell'acqua. Vi appariranno quando vi sentirete disconnessi dai vostri veri sentimenti. Sono un simbolo che vi dice che è il momento di lasciarsi andare e di liberare i sentimenti repressi.

Se avete un animale totem rettile o anfibio nella vostra vita, significa che avete amore e calore. Siete ferocemente indipendenti e spesso avrete capacità psichiche.

Come animali di potere, fate appello a rettili e anfibi per la crescita personale e per sviluppare i vostri sensi spirituali. Vi assisteranno quando avrete bisogno di aumentare i vostri livelli di energia e di amplificare la vostra voce spirituale.

Uno degli spiriti anfibi più popolari e comuni è la rana. Se vedete immagini e rappresentazioni di rane, questo può segnalare molte cose. Spesso significa che siete influenzati dall'aspetto fisico e che per questo motivo vi state perdendo l'amore. Le rane ci dicono di dedicare tempo alla conoscenza delle persone e di scoprire la loro bellezza interiore.

L'aspetto di una rana è anche un'indicazione di prosperità e di tempi abbondanti per voi e la vostra famiglia. Il vostro spirito di rana vi sta dicendo di prendervi cura di voi stessi e di disintossicare la vostra vita. È anche un simbolo di fertilità e rinascita.

Altri animali comuni di questa categoria sono serpenti, draghi, coccodrilli e salamandre. Rappresentano la libertà e la liberazione, seguite da trasformazione e adattamento.

Simbolismo e significato degli uccelli

Siete pronti a spiegare le ali e a volare? Il simbolismo che rappresenta gli uccelli è un chiaro segnale per farlo. Tuttavia, c'è molto altro da imparare dagli spiriti degli uccelli. Come vive il vostro particolare spirito uccello nel suo ambiente naturale? Sono uccelli solitari o tendono naturalmente ad aggregarsi in stormi? Hanno un verso forte e rauco o il loro canto parla all'anima?

Molte culture credono che gli uccelli siano il collegamento naturale con gli esseri superiori e quando ci vengono a trovare è un evento davvero magico. Sono i messaggeri della primavera e quando vengono da voi come compagni di viaggio, è un segno di transizione. Forse siete rimasti bloccati nella routine e avete bisogno di una spinta per andare avanti. Gli uccelli vi aiutano a elevare la vostra coscienza e a volare. Poiché esistono in un mondo che si trova tra la Terra e l'aria, rappresentano entrambi gli elementi.

Altri significati comuni degli uccelli dello spirito

- Gli uccelli azzurri significano amore e fortuna.

- Gli uccelli marroni significano che dovete farvi controllare la salute o che siete sulla via della guarigione.

- Gli uccelli bianchi rappresentano la positività e il momento del cambiamento.

- I picchi significano che siete pronti al cambiamento e insegnano anche l'arte del non conformismo.

- I cigni sono un simbolo di purezza e innocenza e vengono spesso inviati a persone che hanno problemi nelle loro relazioni sentimentali.

- I pappagalli rappresentano la vostra voce, sia nel mondo fisico che in quello spirituale, e vi vengono inviati per incoraggiarvi a usare le vostre parole con saggezza.

- I gufi vengono inviati quando è il momento di fare silenzio; simboleggiano l'affrontare le proprie ombre e il superare i propri demoni.

- Un'oca apparirà nei vostri sogni quando avrete bisogno di protezione e difesa.

- I corvi sono gli uccelli spirituali più potenti e vengono inviati per guidarvi nella prossima fase di trasmutazione del vostro viaggio spirituale.

Simbolismo e significato dei pesci

I pesci vivono nell'acqua e sono soggetti a correnti agitate e ad altri elementi potenti. Sono simbolo delle emozioni inconsce e dei periodi di conflitto che possono influenzare le vite umane. Quando incontrate uno spirito animale pesce o crostaceo, significa che è tempo di rinascita e di un esame più profondo dei vostri legami emotivi.

Come per le altre categorie, anche nel mondo dei pesci esistono una miriade di specie, ognuna delle quali ha un significato specifico. Si può imparare da loro in molti modi, come ad esempio la loro esistenza in natura. Sono cacciatori o prede? Nuotano da soli o si trovano in branchi?

Ecco i membri più comuni della famiglia dei pesci e i loro significati spirituali:

- I cavallucci marini sono l'unica specie i cui membri maschi possono rimanere incinta. Rappresentano una forte forza maschile che può significare che dovete fare un passo avanti come padre o rivolgervi a vostro padre per un aiuto.

- I salmoni sono noti per nuotare controcorrente, quindi vi stanno dicendo di perseverare nei momenti di difficoltà e di andare avanti nonostante tutti gli ostacoli.

- I granchi sono un simbolo di cambiamento e di intraprendere una nuova direzione.

- I pesci angelo sono l'incarnazione colorata e bellissima di una connessione genuina con la forza divina.

- I barracuda vengono inviati quando si ha bisogno di forza e di una rapida fuga dai guai.

- Gli squali rappresentano il coraggio di intraprendere una nuova strada e di lasciarsi alle spalle la paura.

Simbolismo e significati degli insetti spiriti guida

Gli insetti sono la classe di animali più varia, poiché vivono ovunque. Volano, scavano e, soprattutto, impollinano tutto ciò che cresce. La maggior parte delle persone li vede come una parte fastidiosa dell'ecosistema, ma in realtà sono la spina dorsale del mondo naturale.

Il simbolismo globale degli insetti rappresenta alcuni dei loro tratti comuni. Nutrienti, produttivi, tenaci e dotati di uno spirito comunitario sono tutti elementi che fanno parte della loro natura.

Alcuni degli insetti spiritosi più comuni e il loro significato

- I ragni sono uno degli elementi più creativi della natura. Rappresentano il potere, la magia e l'essere intrappolati in un solco spirituale.

- Le vespe sono i guerrieri naturali del mondo degli insetti; vengono inviate per incoraggiarvi a combattere per ciò che volete.

- Gli scorpioni sono un segno che la vostra vita è tossica e che dovete fare un passo indietro rispetto alle persone negative del vostro ambiente.

- Le coccinelle vi dicono che è il momento dell'amore e vi insegnano come attirare le cose che desiderate.

- Le lucciole sono il faro luminoso della natura e rappresentano il vostro momento di gloria; vi mostreranno come migliorare le interazioni sociali.

- Le api producono miele, quindi quando appaiono nei vostri sogni o come simboli, è tempo che la dolcezza diventi parte della vostra vita.

Segni, simbolismo e significati dello spirito dei mammiferi

Ogni giorno incontriamo i mammiferi, in una forma o nell'altra. Sono i nostri parenti più stretti sulla Terra, quindi sembra ovvio che siano gli spiriti animali che ci attraggono di più. Gli spiriti animali e i simboli dei mammiferi sono fortemente connessi al cuore di Madre Natura. Vi aiuteranno a sintonizzare le vostre vibrazioni interiori con i suoi ritmi e cicli, in modo da poter ricordare i messaggi che provengono dalla natura.

Il simbolismo globale dei mammiferi comprende il legame con la terra, i ritmi naturali, il radicamento fisico e il bisogno di coerenza.

Alcuni dei mammiferi spiritosi più comuni e il loro significato:

- Gli yak sono il simbolo della forza bruta e dei muscoli e vengono inviati per aiutarvi quando la delicatezza non funziona.

- I lupi sono esseri enigmatici che vivono in branco ma possono sopravvivere come operatori solitari; sono inviati per dirvi che è il momento di far conoscere la vostra posizione nel branco o di considerare di staccarvi e diventare autosufficienti.

- Le donnole vengono inviate per aiutare le persone con scarsa autostima a rafforzare la loro fiducia.

- Le tigri vi aiutano a scoprire il vostro senso dell'avventura e a liberare la vostra curiosità.

- I leopardi delle nevi sono un simbolo di pace e tranquillità. Vengono inviati per dirvi di fare un passo indietro e annusare le rose.

- Le renne simboleggiano un cambiamento sia di carriera che fisico. Vi stanno dicendo che è giusto trasferirsi lontano o contemplare la vostra attuale professione.

- I conigli sono un simbolo che ci dice di guardare prima di saltare.

- Gli opossum sono un segno che il pericolo è in agguato e che bisogna fare un passo indietro e lasciarlo passare.

- Gli spiriti degli oranghi rappresentano la saggezza e l'intelligenza intensa e feroce.

- I leoni simboleggiano la forza suprema e vi daranno la capacità di tenere al sicuro la vostra famiglia e di liberare il vostro cucciolo interiore quando necessario.

- Le marmotte sono il modo in cui gli spiriti vi dicono di rispettare i cicli della natura e di rimettere in sesto la vostra vita.

- Le volpi entrano nelle vostre energie spirituali per dirvi che è tempo di sviluppare i vostri sensi e le vostre capacità psichiche.

- I delfini rappresentano l'amore per se stessi e la comunità.

- I cani rappresentano l'amore incondizionato e insegnano a essere meno critici.

- Gli orsi sono simbolo di coraggio e forza.

- I formichieri simboleggiano il bisogno di solitudine e introspezione.

Simbolismo delle creature mitiche e loro significato

Come possono le creature del mondo fantastico e mitico avere la stessa forza spirituale degli animali dell'ecosistema? A volte la natura non è sufficiente quando abbiamo bisogno di essere stupiti, e dobbiamo alzarci e prendere nota. Alcune delle creature fantastiche più popolari sono amalgami di animali reali a cui sono stati conferiti poteri soprannaturali. Per esempio, il drago ha proprietà simili a quelle del serpente e della lucertola, ma può volare e sputare fuoco. Anche il Grifone è una creatura composta da elementi dell'aquila e del leone, che porta con sé i messaggi di entrambi gli animali.

Questi archetipi del mondo mistico possono essere utilizzati per trascinare le percezioni fuori dalla realtà in bianco e nero in cui vivete ed espandere la vostra saggezza culturale.

Alcuni dei simboli più noti degli animali fantastici e il loro significato:

- L'unicorno vi offre l'opportunità di vedere il mondo con occhi nuovi.

- Gli spiriti Phoenix vi faranno visita quando avrete bisogno di guarire; vi mostreranno come anche dalle circostanze più tragiche possano emergere grandi cose.

- La sirena simboleggia l'equilibrio tra cuore e mente; vi insegnerà come raggiungere una visione sana e diventare una persona a tutto tondo.

- I draghi vi dicono che è il momento di riaccendere il fuoco e di lavorare sulla vostra anima.

- Bigfoot o qualsiasi altro suo alter ego sono un monito a resistere al bullismo e a farsi valere.

Questa guida vi aiuterà a comprendere i significati di base degli spiriti guida in forma animale, ma non è assolutamente esaustiva. Se vi accorgete che gli spiriti animali vi contattano regolarmente, vi sarà utile studiare le antiche credenze culturali e i legami che hanno con gli animali. L'argomento è una visione affascinante dell'interpretazione spirituale e della connessione con i fenomeni naturali che vi circondano.

CONCLUSIONE

Ora avete il potere di contattare le vostre guide spirituali e di chiedere il loro aiuto; queste pratiche diventeranno presto parte della vostra vita normale. Proprio come prendete il telefono per chiedere al vostro migliore amico cosa fare, presto chiederete consiglio alle vostre guide. Ogni esperienza è speciale e va trattata come tale. Quindi, se siete pronti ad accogliere l'amore e la compassione nella vostra vita, fatelo!

Spero che la lettura di questo libro vi sia piaciuta e vi sia stata utile e istruttiva. Buona fortuna, state tranquilli e abbracciate il vostro gruppo spirituale!

www.ingramcontent.com/pod-product-compliance
Lightning Source LLC
Chambersburg PA
CBHW070941120626
46546CB00004B/1507